VÍCTOR MANUEL FERNÁNDEZ

NOVENA PARA SUPERAR OS MEDOS

Tradução: Fr. Rogério Gomes, C.Ss.R.
Copidesque: Elizabeth dos Santos Reis
Diagramação: Simone Godoy
Projeto gráfico: Marco Antônio Santos Reis
Capa: Bruno Olivoto

Título original: Novena para superar los miedos
© Ediciones Dabar, S.A. de C.V., México, 2002
ISBN 970-652-266-2

ISBN 85-7200-937-X

A marca FSC® é a garantia de que a madeira utilizada na fabricação do papel deste livro provém de florestas que foram gerenciadas de maneira ambientalmente correta, socialmente justa e economicamente viável.

7ª impressão

Todos os direitos em língua portuguesa
reservados à EDITORA SANTUÁRIO – 2017

Rua Pe. Claro Monteiro, 342 – 12570-000 – Aparecida-SP
Tel: 12 3104-2000 – Televendas: 0800 - 16 00 04
www.editorasantuario.com.br
vendas@editorasantuario.com.br

O medo tem um efeito muito negativo na vida das pessoas. Um medo é como um espinho que está sempre incomodando o coração e não deixa nascer a paz e a alegria.

Pode acontecer que alguém viva em paz, sem problemas graves, e com muitas coisas belas nas mãos, mas o medo não lhe permite desfrutar do que tem.

O medo que nos pode perturbar apresenta-se em diversos tipos. Nesta novena, vamos percorrer juntos esses temores que nos podem tirar a calma, para que tentemos libertar-nos deles e viver felizes com a proteção de Deus.

Primeiro dia

Medo do fracasso

1. Palavra de Deus
"Eu te exalto, Senhor, porque me livraste, não deixaste que os inimigos se rissem de mim" (Sl 30,2).

2. Meditação

O medo do fracasso nos leva a fracassar, porque nos converte em pessoas frágeis, vacilantes, sem iniciativa, torna-nos inseguros e leva-nos a duvidar permanentemente. Então, nossas decisões não são sólidas e não colocamos todo o nosso ser no que realizamos. Assim, é muito possível que as coisas não nos saiam bem. E logo, quando voltamos a tentá-las, temos mais medo e insegurança que antes e lutamos sem determinação e sem entusiasmo.

Muitas vezes, o medo do fracasso vem de nos sentirmos inferiores aos demais. Temos medo de nos equivocar outra vez, porque sofremos muito quando os outros nos veem como fracassados.

Isso é mais doloroso ainda, quando estamos em concorrência com uma pessoa que não nos ama e imaginamos que ela zombará de nós.

Mas, na realidade, os fracassos não deveriam ser algo tão terrível. Uma pessoa sábia é capaz de aprender dos fracassos, e cada erro lhe serve para melhorar, para se aperfeiçoar, para aprender algo novo e para crescer. Depois de um fracasso, o sábio recomeça com mais clareza, sabendo o que há de fazer. E, com o passar do tempo, desenvolve novas capacidades e habilidades para prosseguir.

Isso acontece, sobretudo, quando confiamos verdadeiramente no Senhor, quando caminhamos e trabalhamos com ele, quando pedimos seus conselhos e colocamos na oração nossas tarefas e projetos. No fracasso, o homem sábio é capaz de descobrir o amor de Deus que o convoca a erguer os olhos, oferece-lhe uma nova oportunidade e então se entrega uma vez mais com esperança: "Eu confio em teu amor, meu coração se alegra em tua salvação" (Sl 13,6).

Um crente verdadeiro encontra seu Salvador, também em meio a uma queda e a um erro, em meio a uma grande preocupação, quando tudo parece vir abaixo. Porque seu Salvador é todo-poderoso e é capaz de nos fazer surgir das ruínas. Ninguém pode rir do sábio quando fracassa, pois o sábio crê firmemente que seu Salvador o ajudará a renascer desde as cinzas e se levanta com confiança e dignidade. Por isso, não vale a pena ter tanto medo dos fracassos.

3. Oração

Senhor, tu és meu salvador, confiarei em ti. Abençoa com teu infinito poder todos os meus trabalhos. Dá-me tua luz, habilidade, sabedoria para realizar bem as coisas, para não me equivocar em minhas decisões e utilizar bem minhas capacidades.

Toma-me, Senhor, e capacita-me com teu poder. Entrego em tuas mãos todos os meus trabalhos, Deus meu. Não quero enfraquecer-me e perder o entusiasmo pelo temor do fracasso. Quero trabalhar firme e seguro, porque tu estarás comigo para libertar-me.

Contigo tudo estará bem, tudo terminará bem e também de meus erros e fracassos tirarás uma bênção para minha vida. Amém.

Segundo dia

Medo da enfermidade, do desgaste e da dor

1. Palavra de Deus
"Dá forças ao cansado, e ao desfalecido renova o vigor. Jovens podem cansar-se e estafar-se, os fortes tropeçam e caem. Mas os que ficam à espera do Senhor retemperam as forças, criam penas como águias, correm sem se afadigar, caminham sem se cansar" (Is 40,29-31).

2. Meditação
Muitos são frágeis espiritualmente e têm muito medo de adoecer. Sentem-se fracos e, por isso, creem que podem desgastar-se e ficar doentes por qualquer razão. E esse temor, porém, os enfraquece mais e os expõe a doenças. Além disso, como estão sujeitos a qualquer dor ou moléstia, quando começam a sentir algo fora de lugar, dão-lhe demasiada importância e começam a atirar a culpa nos outros, no trabalho e na vida. Isso os leva a reduzir sua atividade e seus contatos, a se refugiar em seu

pequeno mundo, evitando os esforços. É como se renunciassem a viver. Mas, assim, as doenças lhes tornam maiores ainda, porque passam a ser a única coisa que existe para elas.

Essas pessoas, na realidade, estão enfermas da alma e essa enfermidade interior é a causa de muitos outros males que arruínam a existência.

Quando sentimos que nos está acontecendo algo assim, temos de buscar a presença do Todo-Poderoso, para lhe pedir que cure esse medo doentio e nos faça fortes interiormente. Com seu poder, podemos enfrentá-lo e Ele pode ser nosso Salvador também quando sentimos dores e moléstias. Uma doença não pode acabar com a minha vida, se eu confio no amor e no poder de Deus. Além disso, é impossível viver sem dores ou moléstias. É preciso não dar muita importância a essas perturbações e saber que elas fazem parte da vida.

A dor não é algo absoluto, não é o tudo, não tem o direito de se converter no centro de nossa vida. A vida vale a pena também em meio a algumas doenças. De fato, há muita gente sábia que tem aprendido a viver em paz durante muitos anos, em meio a dores e enfermidades. Não permitem que uma dor os limite. Assim, evitam que a angústia os adoeça mais ainda e podem facilitar a cura. A chave está em deixar de resistir às doenças. Quando não resistimos e não nos deixamos tomar pelas tensões e as tomamos como algo relativo e secundário, deixamos de olhá-las como uma tortura. Além disso, podemos unir nossas dores às de Jesus na cruz, oferecendo-nos a ele com amor pela felicidade dos demais.

3. Oração

Senhor Jesus, repleto de saúde e fonte da saúde, penetra em cada um de meus órgãos com teu poder e fortalece todo o meu corpo. Mas também te rogo: liberta-me de todo o temor da enfermidade, do cansaço, da dor e do desgaste.

Não permitas que viva obcecado por meu bem-estar e faça-me forte com teu poder. Mostra-me a beleza de participar de tua paixão com minhas dores. Ensina-me a me entregar a meus trabalhos sem temor de me enfraquecer ou de desgastar-me. Liberta-me do temor da morte. Amém.

Terceiro dia

Medo da solidão

1. Palavra de Deus
"Eu estou com vocês todos os dias, até o fim do mundo" (Mt 28,20).

"Como é bom e agradável os irmãos viverem juntos" (Sl 133,1).

2. Meditação
Para aquele que crê a solidão não existe. Pois cremos num Deus próximo, amigo e cheio de amor. Ele é capaz de encher-nos o coração e dar-nos a melhor companhia quando todos se vão. Ele quer respirar comigo, comigo passear e trabalhar.

Um Deus que se fez homem para compartilhar nossa vida nunca poderá afastar-se de nós. E Jesus ressuscitado está mais próximo do que nunca para nos iluminar e nos sustentar: "Quem nos separará do amor de Cristo?" (Rm 8,35). E "se Deus é por nós, quem será contra nós?" (Rm 8,31). Precisa saber percebê-lo com a luz da fé e com a intuição do amor.

Se soubermos dar amor sincero e generoso, sempre haverá alguém perto para nos dar a mão e não nos sentiremos abandonados. É certo que os seres humanos muitas vezes falham. Mas não lhes peçamos perfeição, pois não são Deus. Eles são pobres e frágeis criaturas. Seu amor é imperfeito e frágil, porém isso não significa que seja falso ou que não exista. Sempre haverá alguém que nos auxiliará, se o pedimos, porque a comunidade cristã também é como uma mãe.

Por isso, é preciso descobrir que o medo da solidão é tolo. É certo que ficaremos sós, se escolhemos o ressentimento e o egoísmo e também se estamos elegendo quem queremos que esteja a nosso lado, se queremos decidir quem deve ou não nos acompanhar, ou se só aceitamos pessoas belas, agradáveis e perfeitas. Mas se nosso coração é livre e aberto, não há por que temer a solidão.

A amizade do Senhor não nos faltará e sua presença amorosa é mais verdadeira do que as paredes, as árvores e nosso próprio corpo. Ele permanece e sempre existirá algum ser humano que nos ofereça uma ajuda e um instante de companhia. Entretanto, é bom pedir ao Senhor que cure nosso temor da solidão e que abra nossos olhos para reconhecer sua presença bondosa.

3. Oração

Senhor, se tenho a ti, nada me falta. Porém, às vezes me esqueço disso e meu coração quer ser independente. Engano-me, crendo que teu amor não é suficiente. Quero outros afetos e quero escolher a quem amar e por quem me deixar amar. Cura essa autonomia doentia, Senhor, para que possa deixar-me preencher de teu amor.

Assim, não desprezarei a ninguém, porque os verei com teus olhos e qualquer ser humano será um sinal de tua ternura e de tua proximidade. Cura todo temor da solidão, Deus meu, e dá-me uma fé profunda para crer que tu és verdadeiro e para que eu possa saciar e superar toda a minha sede de amor. Amém.

Quarto dia

Medo em relação aos entes queridos

1. Palavra de Deus

"Filho, prepara as coisas para o caminho e empreende a marcha com teu irmão. Que o Deus que está no céu os proteja e os devolva a mim salvos. E que seu anjo os acompanhe com sua proteção, filho" (Tb 5,17).

Derramarei meu Espírito sobre tua descendência... Crescerão como salgueiros junto a correntes de água" (Is 44,3-4).

2. Meditação

Às vezes, não nos preocupamos muito conosco mesmos, mas sofremos muito por nossos entes queridos. Causa-nos muito medo pensar que possa acontecer algo de ruim, que alguém lhes faça o mal, que possam fracassar e sofrer.

Talvez os sufoquemos com nossos conselhos e crendo que temos de protegê-los permanentemente. Mas "se o Senhor não protege a cidade, em vão vigia o sentinela" (Sl 127,1).

O mais importante é orar por eles, abençoá-los e colocá-los nas mãos do Senhor. Melhor que a preocupação constante é aceitar que o Senhor seja o rei e o protetor de suas vidas, pois se não permito que Deus seja o rei e pretendo ter suas vidas sob meu controle, seguramente tudo será pior.

Muitas vezes, meus planos para meus entes queridos não são os planos que tem o Senhor. Eu preferiria que estivessem perto de mim sem que tivessem de enfrentar nenhum obstáculo. O Senhor, no entanto, prefere que enfrentem a vida, que se firam, se necessário, mas cresçam, amadureçam, aprendam a enfrentar com criatividade as dificuldades, porque ele os ama e os ama infinitamente, mais que eu e, por isso, quer vê-los crescer, não aceitando que permaneçam na mediocridade.

Se o Filho de Deus entregou sua vida por eles na cruz, ele será seu melhor protetor e tudo o que lhes acontece será para seu bem, pois "o que confia em Deus não temerá as más notícias" (Sl 112,7).

3. Oração

Senhor, entrego-te todos os meus entes queridos, coloco-os sob tua proteção divina. São teus, Senhor, e eu te proclamo rei e salvador de suas vidas. Tu sabes o que é melhor para eles. Tu os conheces melhor que eu e tens um plano maravilhoso para suas vidas.

Toma-os, Senhor, conduze-os com tua luz, renova-os com teu amor e tua paz. Guarda-os de todo o mal e protege-os de toda perturbação. Não permitas que nada, nem ninguém lhes cause dano. E, se algo lhes acontecer, sei que tirarás disso algum bem para suas vidas, porque és sábio e poderoso e eu os deixo em tuas mãos. Louvado seja por suas vidas, porque são obra de tuas mãos amorosas e são teus. Amém.

Quinto dia

Medo dos imprevistos, da pobreza e das desgraças

1. Palavra de Deus
"O que confia no Senhor não sofrerá nenhum dano... embora sofra uma prova, será libertado" (Eclo 32,24-33,1).

"Não temerás o terror imprevisto, nem a desgraça que sobrevém aos malvados, pois o Senhor estará a teu lado, livrará teus pés da armadilha" (Pr 3,25-26).

2. Meditação
Quando estamos passando por um bom momento, pode acontecer que não possamos desfrutá-lo, porque sentimos o temor de perder o que possuímos ou de que aconteça algo de mal ou ocorra algo que não esperávamos. Entretanto, é impossível ter todo o futuro sob nosso controle e não podemos pretender um céu na terra. Aqui

tudo é passageiro e há que desfrutá-lo sabendo que é assim. A Palavra de Deus nos diz que sofreremos provação (1Pd 1,6; Tg 1,2; Eclo 2,1). Contudo, promete que, se vivemos na amizade com o Senhor e confiamos verdadeiramente nele, sairemos triunfantes dessas dificuldades (Eclo 33,1). Pode acontecer que nos venham as águas até o pescoço (Sl 32,6-7). Possivelmente o Senhor não nos livre dessa angústia, mas, se confiarmos realmente nele, auxiliar-nos-á no momento oportuno. Não permitamos que o medo nos destrua por dentro. Ele será nossa fortaleza e tudo terminará bem. Por isso diz a Bíblia: "Muitas são as desgraças do justo, mas de todas o livra o Senhor" (Sl 34,20).

O melhor, então, é colocar-nos nas mãos de Deus, fazer todo o possível para libertar-nos das dificuldades maiores, não pretender, porém, viver sem problemas. O importante é manter essa paz interior, que nos dá a confiança no Senhor, e saber que de uma maneira ou de outra com Ele tudo é melhor e tudo terá alguma saída. Ele é capaz de nos dar luz e criatividade para encontrar soluções e não nos faltará seu auxílio. O Senhor, que tudo vê, também sabe que algumas coisas que nós queremos evitar são boas para nossa vida. Então, é muito saudável viver livres por dentro, sabendo que não somos deuses e que não podemos ter todo o futuro planejado e assegurado.

O Senhor nos quer desprendidos de tudo, dispostos a entregar o que concluímos. Se aprendermos a "soltar" o que acaba, nós nos libertamos do temor de perdê-lo e já não estaremos obcecados por conservá-lo. O fiel deve ter um coração de criança, para deixar-se segurar na mão do Senhor. Só assim poderá dizer: "Ainda que passe por vales escuros, nenhum mal temerei, porque tu vens comigo" (Sl 23,4).

3. Oração

Senhor, muitas vezes o medo do futuro não me deixa viver o presente com alegria. Eu não posso controlá-lo, nem ter tudo previsto e, por isso, o futuro me aterroriza.

Tenho medo de perder o que possuo, temor de que me aconteçam coisas más. Porém, esse medo é inútil. Sem ti tudo é incerto e obscuro, mas contigo tudo será mais fácil.

Por isso, peço-te a graça de confiar em ti para que possa aceitar teus projetos para minha vida, sem me agarrar aos meus. Amém.

Sexto dia

Medo de Deus

1. Palavra de Deus
"No amor não há temor. Ao contrário, o amor perfeito lança fora todos os medos" (1Jo 4,18).

"Caiamos nas mãos do Senhor, que é grande em sua misericórdia, antes que nas mãos dos homens" (2Sm 24,14).

2. Meditação

Embora pareça mentira, muitas pessoas têm medo de Deus. Ele é pura perfeição e só pode haver nele amor e paz. Nele não há lugar para o ódio, a crueldade, a malícia. Além disso, como é infinitamente feliz, não necessita de nada nosso, de nos tirar algo nem de nos obrigar a nada. Quando nos pede algo é para nosso bem. Por isso, seu amor não é possessivo, nem requer toda atenção ou é dominante. Ama-nos com suma delicadeza e não existe amor mais respeitoso que o seu. Deixa-nos completamente livres e só entra lá onde nós lhe permitimos entrar. Só pede e espera pacientemente, perdoa com misericórdia e sempre nos permite recomeçar. Então, não tem sentido ter medo de Deus. Todavia, muitas pessoas têm má imagem de Deus e não se relacionam com o verdadeiro Deus, e sim com uma imagem negativa que se tem feito dele. Há que examinar essa má imagem e descobrir a falsidade.

Convém, ainda, pedir ao Senhor que ele mesmo destrua essa imagem e nos mostre seu verdadeiro rosto de amor, para que já não tenhamos medo nem fujamos de sua presença. Se nos deixarmos amar por ele, experimentaremos essa ternura tão respeitosa e bela e seu amor lançará fora todo medo.

Além disso, para que já não tenhamos desculpas, recordemos que Deus se fez homem e pequeno para compartilhar de nossa vida. Imaginemo-lo feito uma criança em Belém. Quem pode ter medo de uma criança inofensiva? Imaginemo-lo crucificado por amor. Quem pode ter medo de alguém que dependeu tanto de nós, que foi pregado de pés e mãos na cruz? Abandonemos todo temor e descansemos em seus braços, para que ele cure nosso ser de todas as tensões inúteis que esse medo nos tem causado. E lhe pedimos perdão por ter fugido de sua presença.

3. Oração

Meu Deus amado, sei que tu és maior e mais belo do que todos os meus sentimentos e emoções. Não posso te abarcar com minha sensibilidade ferida. Tu não és como às vezes eu te sinto, porque és incapaz de me prejudicar, Deus infinito.

Às vezes experimento minha pequenez ante tanta grandeza e fujo de ti, como se fosses uma montanha que pode cair sobre mim. Esqueço-me de que é teu poder que me dá a vida e me sustenta, e que só tu me fazes forte e todo o bem vem de teu amor.

Dá-me a graça de reconhecer que quanto mais te abro meu coração, mais forças terei e mais livre me sentirei. Gozarei de tuas delícias e cantarei de alegria em tua presença, sem mais temores. Amém.

Sétimo dia

Medo das críticas e da inveja

1. Palavra de Deus
"Afiam a língua como as serpentes, escondem em seus lábios veneno de víboras. Guarda-me, Senhor, das mãos do malvado" (Sl 140,4-5).

"Muitos são os que me odeiam sem motivo... e me acusam quando busco o bem. Não me abandones, Senhor!" (Sl 38, 21-22).

2. Meditação
Há os que sofrem muito, porque estão muito atentos ao olhar dos outros. Necessitam que os demais os aprovem e os valorizem. Por isso, têm muito temor às críticas e aos comentários dos outros. Esquecem que o único importante é o olhar do Senhor que compreende nossa fragilidade e conhece todo o bem que há em nós. Outras pessoas sofrem muito, pois percebem a inveja dos demais e temem que os invejosos possam causar algum mal a elas ou a seus entes queridos. Alguns usam fitas vermelhas,

crendo ingenuamente que assim se livram dos invejosos. Desse modo, ofendem a Deus, porque põem a confiança num objeto, em lugar de confiar nele. Contra os invejosos, temos as armas do Senhor que são muito mais poderosas que as armas do medo, do ódio ou da vingança. Há, sobretudo, três armas do Senhor que desarmam os invejosos: o perdão, o louvor e a bênção.

Quando não sei como me defender, o primeiro passo é recorrer ao perdão. Perdoar os invejosos é melhor que odiá-los, pois se alimentamos o rancor e lhes desejamos o mal, isso complica tudo e desperta mais ainda sua atitude maldosa para conosco. Se procuramos, porém, compreender sua fraqueza, se pedimos cada dia ao Senhor a graça de perdoá-los e lhe entregamos nossa dor e nosso rancor, o perdão terminará desatando os nós dessa relação doentia. Outra arma poderosa é o louvor. Louvar a Deus por essa pessoa que nos inveja, porque Deus lhe deu a vida, e Jesus deu seu sangue por ela, porque é a imagem de Deus. E, finalmente, temos a arma da bênção: bendizer essa pessoa, desejar-lhe o bem e pedir ao Senhor que a abençoe para que seja feliz. E se o Senhor abençoa essa pessoa e lhe dá felicidade, ela já não necessita nos invejar e criticar.

Se o temor às invejas e às críticas é muito forte, peçamos a Jesus que nos cubra com seu sangue precioso e que atue no coração dos demais, cortando toda a atadura de inveja, ciúmes, murmuração ou rancor em nossa direção. Descansemos nos braços do Senhor, sabendo que, em suas mãos, a língua e os maus desejos dos invejosos não têm poder contra nós.

> **3. Oração**
> *Deus meu, protege-me da língua dos outros, dos que querem desprestigiar-me, porque tem inveja de mim. Toca seus corações para que eles me olhem com bons olhos. Cura seus corações da inveja e bendize-os para que sejam felizes e já não necessitem criticar-me. Confio em ti, Senhor. Amém.*

Oitavo dia

Medo que me dominem e me façam o mal

1. Palavra de Deus

"Em Deus confio e já não tenho medo. O que poderá fazer-me um mortal?" (Sl 56,5)

"Livra-me, Senhor, do homem malvado, protege-me do homem violento, dos que planejam maldades em seu interior" (Sl 140,2-3).

"Ao que se apoia em teu braço, tu o salvas dos prepotentes" (Sl 17,7).

"Cada qual espalha armadilhas para seu irmão, prepara-se para o mal" (Mq 7,2-3).

2. Meditação

Quando nos sentimos frágeis, desperta em nosso coração um grande temor à violência, à insegurança. Temos medo dos que nos podem causar o mal, dos que nos odeiam e planejam coisas para nos ver mal, dos aproveitadores, das pessoas possessivas e centralizadoras que podem roubar-nos a liberdade ou nos dominar.

Para tranquilizar-nos, podemos começar cada manhã orando pelas pessoas que vamos encontrar no caminho da jornada, pedindo ao Senhor que coloque em seus corações um espírito de compaixão por nós.

É certo que o Senhor tem poder e pode entrar no interior dos outros para mudar suas más intenções e, por isso, podemos pedir-lhe que o faça e mostre sua glória na maldade alheia.

Também podemos pedir ao Senhor que com o poder do sangue precioso de Cristo, com a glória de sua ressurreição, com sua infinita força, penetre nesses corações e destrua todo o desejo de tirar proveito, de possessividade, de vingança ou de violência.

Mas, sobretudo, podemos pedir ao Senhor que solidifique nosso interior com seu amor, porque os violentos se aproveitam dos fracos, mas recuam quando percebem um espírito forte, apoiado no infinito poder de Deus.

3. Oração

Senhor, olha para teu filho que te suplica. Sou obra de tuas mãos, não me abandones, fortaleza minha. Tu és como um escudo protetor. Cerca-me com teu poder, de tal forma que assim nenhum mal possa passar.

Não permitas que algum violento me faça o mal, não deixes que algum espírito dominante queira apropriar-se de minha vida. Porque eu te aceito como único Senhor de minha existência, minha vida é tua. Ninguém poderá prejudicar-me, pois toda a minha confiança está depositada em ti, meu criador e redentor. Amém.

Nono dia

Medo dos fenômenos naturais, de animais etc.

1. Palavra de Deus
"Salva-me da boca do leão, meu pobre ser dos chifres do búfalo" (Sl 22,22).

"Não temerás o terror da noite, nem a flecha que voa de dia, nem a peste que avança na escuridão" (Sl 91,5-6).

"Meu auxílio vem do Senhor, que fez o céu e a terra. Não deixa que resvale teu pé, não dorme teu sentinela... Ele guarda tuas entradas e tuas saídas, agora e para sempre" (Sl 121,2-3.8).

2. Meditação
Finalmente dizemos que no coração pode habitar medo de todo tipo. Procuraremos entregar ao Senhor todos esses medos, pedindo-lhe que cure o coração, que o confirme, encha-o de con-

fiança, desate-o, libere-o das más lembranças que possam provocar esses temores.

Talvez tenhamos medo de espaços abertos ou de lugares sombrios, da escuridão, do frio, da água, dos grandes animais, das tormentas, dos insetos, dos terremotos, e estamos sempre inquietos, temendo que aconteça algo que nos dá medo.

Seguramente, há no fundo de nossa memória algo que vivemos no passado, algum susto que nos marcou profundamente e fez nascer esse medo. Seria muito importante buscar descobrir a raiz de nosso medo, recordar aquele acontecimento doloroso e imaginar Jesus que se faz presente nesse instante e nos liberta com sua presença, com sua luz e com seu abraço.

E, se não podemos despertar nenhuma lembrança, peçamos a Deus que nos cubra com sua presença e que nenhum desses perigos consiga nos causar o mal. O mesmo podemos fazer com nossos entes queridos, entregando-os ao Senhor para que Ele cuide deles, de todas as espécies de perigos. Se vivemos em paz com o Senhor e cada dia nos entregamos em seus braços, tudo o que nos pode acontecer se converterá em algo bom. Diz a Bíblia que "tudo é bom para o piedoso, mas para o pecador, transforma-se num mal" (Eclo 39,27).

Se o Senhor é o rei de nossas vidas, cumpre-se em nós a promessa: "Quem teme o Senhor de nada tem medo, de nada se acovarda, pois ele é sua esperança... Os olhos do Senhor estão fixos nos que o amam, Ele é para eles proteção poderosa, apoio firme, refúgio contra o vento devastador e, no calor do meio-dia, defesa para não tropeçar e auxílio para não cair" (Eclo 34,14.16).

3. Oração

Senhor amado, tu és meu bom pastor, meu escudo protetor, a rocha onde me refugio. Contigo minha vida está a salvo. Quero viver sem temores, caminhar firme e seguro em tua presença e ser feliz em meio a qualquer perigo. Nenhum dano arruinará minha vida porque agora minha vida é tua. Tudo te entrego para que estejas seguro em teu coração divino. Amém.

Índice

Primeiro dia
Medo do fracasso 4

Segundo dia
Medo da enfermidade, do desgaste e da dor 7

Terceiro dia
Medo da solidão 10

Quarto dia
Medo em relação aos entes queridos 13

Quinto dia
Medo dos imprevistos, da pobreza
e das desgraças 16

Sexto dia
Medo de Deus 20

Sétimo dia
Medo das críticas e da inveja 23

Oitavo dia
Medo de que me dominem e me façam o mal 26

Nono dia
Medo dos fenômenos naturais, de animais etc. 29